Abbé Léon TAGUET

LIVRE D'OR

DES FAMILLES

Taguet-Bourzat

Teyssier-Bourzat

et autres Familles parentes ou alliées

Combien j'ai douce souvenance...

Abbé LESCURE
Imprimerie Saint-Hilaire-Neuvic
1906

Abbé Léon TAGUET

LIVRE D'OR

DES FAMILLES

Taguet-Bourzat

Teyssier-Bourzat

et autres Familles parentes ou alliées

Combien j'ai douce souvenance...

Abbé LESCURE
Imprimerie Saint-Hilaire-Neuvic
1906

M. l'Abbé TAGUET

Chanoine Honoraire de Tulle — Curé-Doyen de Bugeat

Imp. Saint-Hilaire.

LE LIVRE D'OR DE LA FAMILLE TAGUET-BOURZAT, DE LA FAMILLE TEYSSIER-BOURZAT ET DES FAMILLES PARENTES OU ALLIÉES.

AVANT-PROPOS

C'est une bonne fortune pour le biographe d'avoir à raconter une vie telle que celle de la famille Taguet-Bourzat...

En présence d'un pareil sujet, l'écrivain se sent à l'aise ; il sait, avant de l'entreprendre, que la sympathie du lecteur est acquise à son œuvre, que, sans effort d'imagination, sans recherche de style, en restant simplement dans les bornes de la vérité la plus scrupuleuse, l'intérêt se glissera, de lui-même, dans son travail et se soutiendra jusqu'au bout.

CHAPITRE Ier

Origine de la famille Taguet

Nous avons puisé nos renseignements dans un vieux manuscrit découvert, heureusement, au village de la Saulière près Pérols, canton de Bugeat ; ce registre datant du XVe siècle, relate les dîmes et les rentes perçues par l'Officier Royal, dans cette contrée du Limousin. D'un autre côté, depuis notre enfance, nous avions noté et conservé mille souvenirs de nos ancêtres que nous avons connus.

La famille Taguet est originaire du village de La Saulière, ancienne commune de Barsanges, aujourd'hui de Pérols.

Ce grand village qui abrita le berceau de mes ancêtres est situé sur le plateau de Millevaches célèbre dans le monde entier par son altitude, ses mille pâturages, ses grandes forêts, ses rivières limpides et poissonneuses.

Ce pays pittoresque fut longtemps la demeure des Druides : les domens, les roches, les autels, les noms, les traditions, attestent encore de nos jours, leur existence, leurs hauts faits de héros et de prêtres sacrificateurs.

Ce plateau est encore célèbre par le souvenir des invasions et des guerres, soit des Romains, soit des Sarrasins : nos ancêtres Gaulois furent un peuple de héros qui combattirent souvent avec succès, sous le commandement de Vercingétorix contre l'invasion romaine et autres peuples.

Aujourd'hui, ce plateau est dénudé ; c'est une série d'immenses landes tristes et mélancoliques comme des mers sans horizons.

Avant le quinzième siècle, la famille Taguet avait dù habiter Saint-Merd-les-Oussines, comme semble l'indiquer le manuscrit trouvé à La Saulière ; nous y lisons :

« Martial Taguet, Seigneur, des Oussines a payé les dîmes et les rentes qu'il doit, en sa qualité de Seigneur, à son altesse le prince de Soubise, au Marquis Boasse, aux prieurs de Chastagnol et d'Ambrugeat, en 1502. »

D'un autre côté, la famille Taguet a toujours possédé jusqu'à nos jours, des immeubles considérables dans la commune de St-Merd-les-Oussines, je suis même propriétaire d'un grand domaine (600 hectares) au village de Lissac.

Ma famille a gardé pendant plusieurs siècles un jeu de quilles en or, avec boule et plateau en or, estimé environ cent mille francs.

Ce riche héritage ne pouvait provenir que d'une ancienne et riche famille. Ce jeu de quille nous fut volé.

La famille posséda ce trésor jusqu'en 1833 (9 novembre) ; elle l'avait gardé, de sicèle en siècle, comme souvenir de son ancienne opulence et prospérité, il était gardé avec un soin religieux par le chef de la famille.

Il fut conservé jusqu'à nos jours par mon grand-père et après sa mort par ma grand'mère, décédée le 9 novembre 1833, au presbytère d'Ambrugeat à l'âge de quatre-vingts ans. Il était destiné à mon père, comme étant le plus digne et le seul ayant des enfants : Ce trésor fut volé et voici comment :

Ma grand'mère mourut au presbytère d'Ambrugeat à six heures du matin, son fils prêtre, curé de cette paroisse, après avoir rendu pieusement les derniers devoirs à sa mère, se rendit à l'église, pour célébrer la sainte messe pour le repos de l'âme de celle qui avait été une mère incomparable par une vie bien remplie, mère de onze enfants dont quatre honorés du sacerdoce.

Pendant le Saint Sacrifice, un homme, dont on ne saurait trop flétrir l'hypocrisie et la malhonnêteté, vola le jeu de quilles et une somme de vingt mille francs. Plus tard, on découvrit que ce jeu de quilles avait été vendu à Clermond-Ferrand, la somme de quarante mille francs.

CHAPITRE II

Mon grand-père paternel

En 1786, mourut Martial Taquet, âgé de cent cinq ans, beau vieillard, d'une taille de géant, intelligent, maire de Saint-Merd-les-Oussines, jouissant de l'estime publique et de la profonde affection et génération d'une nombreuse famille, décoré de l'Ordre de Saint Louis, père de nombreux enfants parmi lesquels mon grand-père, fils aîné,

Une sœur de mon grand-père, épousa Monsieur Arfeuillère du Mazimel, Seigneur de Millevaches, grand-père des messieurs Arfeuillère, ancien député et Arfeuillère notaire à Tarnac ; une autre sœur de mon grand-père épousa Monsieur Broussouloux, notaire royal, à Broussouloux commune de Bugeat ; un autre fils de mon grand-père fut également maire de Bugeat.

Quelque temps avant la mort de son père, mon grand-père, fils aîné de Martial Taguet, épousa mademoiselle du Boucheron, parente de la famille de Turenne, habitant le Château d'Ambrugeat.

La tradition locale de notre temps a gardé le souvenir de ce couple remarquable par la beauté, jeunesse et brillant avenir ; leur bonheur fut malheureusement de courte durée : l'illustre épouse de mon grand-père mourut en donnant le jour à son fils premier-né, qui reçut le nom de Jean. (*Les noms de choix dans cette famille sont ceux de Martial, de François et de Jean*).

Le fils, Jean Taguet était un beau garçon de haute stature, comme ses ancêtres, avec la beauté de sa mère née du Boucheron ; appelé sous les drapeaux, sous le premier Empire, il fut remarqué par Napoléon qui se plaisait à le surnommer du nom glorieux de « Vercingétorix du Limousin », ce dernier mourut le 19 août 1815.

Mon grand-père épousa, en secondes noces, Mademoiselle Audin de Davignac dont le pere fut guillotiné en 1793 sur la place de Meymac, avec Pradeloux de Barsanges, à cause de leur parfaite honorabilité.

Mon aïeul perdit encore son épouse distinguée, quelques mois après ce second mariage.

Enfin, Dieu avait réservé à son serviteur une troisième épouse et cette compagne choisie du Ciel pour de longues années, devait être Mademoiselle Négrerie, la fille unique et accomplie d'un riche Seigneur de Barsanges.

Mademoiselle Négrerie connaissant les solides qualités de mon aïeul et probablement l'existence du jeu de quilles en or, préféra le veuf Taguet, à une foule de jeunes prétendants.

Un des prétendants à la main de Mademoiselle Négrerie fut pris d'une grande colère et vilaine jalousie et, le soir des fiançailles, il prit un fusil et tua un mouton de son rival : ce dernier ordonna d'enlever le bélier et de le faire rôtir, en entier, pour le repas des fiançailles et sans montrer aucun esprit de vengeance et de rancune, il invita gracieusement le Seigneur Pradeloux au repas, ce dernier touché de cette démarche, accepta l'invitation et ainsi fut faite la paix, et les deux excellentes familles furent toujours unies.

Le prieur de l'église de Barsanges étonné de ce projet inattendu, refusa de publier les fiançailles, selon l'usage de l'époque ; il demanda la présence et le consentement de Mademoiselle Négrerie. Son fiancé présent à l'église, part aussitôt, comme l'éclair, et amène quelques instants après, sa fiancée, montée en croupe derrière lui, sur une jument appelée *la Grise*, depuis légendaire dans la famille.

Et bientôt après, les deux fiancés font leur entrée sensationnelle dans la petite église.

Le prieur était encore en chaire, et troublé, il interpelle, avec timidité, Mademoiselle Négrerie et lui demande si elle consent à épouser Monsieur Martial Taguet ; la jeune fille distinguée répond aussitôt : « Oui, Monsieur le Prieur, et c'est en toute liberté, par ma volonté entière et mes ordres que les bans vous ont été remis pour être publiés canoniquement » et le fiancé heureux et fier donna au prieur un louis de vingt francs pour honoraires.

Quelques jours après, eut lieu le mariage qui unissait deux nobles cœurs et deux nobles familles.

CHAPITRE III

Honorabilité, caractère, fortune de la famille Taguet

L'honorabilité de la famille Taguet est, depuis de nombreux siècles, sans tache et sans reproche ; jamais aucun de ses membres n'a failli à l'honneur, et on peut dire de chacun qu'il fut juste, aimé de Dieu et des hommes.

Le caractère de cette famille est fortement trempé, il est d'acier, peu soucieux de ses droits, il l'est beaucoup de ses devoirs. Cette famille a été toujours attachée à Dieu, à l'Eglise, au sacerdoce, à la patrie, à la charrue et à l'armée ; c'est là tout le mystère et le secret de sa sève abondante, de son honorabilité et de sa prospérité de plusieurs siècles.

Cette famille aime le travail, l'économie et la sobriété ; la douceur et l'aménité du caractère contribuent au bonheur des unions et des alliances et dans cette famille on peut dire avec raison : « Ce que femme veut, Dieu le veut, » tant sont aimables les relations des époux.

Nous devons, néanmoins dire que les hommes de cette race sont au premier abord, un peu froids et mélancoliques ; cela tient à l'éducation sévère du foyer et aussi au pays natal, à ces noires montagnes, aux horizons tristes comme l'Océan, mais cette froideur n'est qu'apparente extérieurement et le cœur de chacun bien connu est le foyer d'une riche et constante amitié.

Caractère physique

La famille Taguet est généralement belle, race bien conservée : œil vif et brillant jusqu'au déclin, démarche sûre et posée annonçant la fermeté du caractère et du jugement, belle chevelure, mes aïeux portaient les cheveux longs comme les anciens rois.

Caractère religieux

La famille Taguet est profondément religieuse : « plaire à Dieu avant tout » est sa devise ou celle-ci : « cherchons d'abord les intérêts de Dieu... Dieu se charge des nôtres. »

Plusieurs de ses membres ont été prêtres ou religieux, mon père avait quatre frères prêtres, comme nous le verrons plus tard.

A la grande Révolution de 1793, mon grand-père fut condamné à mort par le tribunal révolutionnaire de Tulle, à cause de son honorabilité, de son attachement à Dieu et au Roi ; il fut assez heureux de pouvoir échapper à la terrible sentence, en se cachant dans un souterrain dit Roche-de-Beynat, près La Saulière.

Fortune

La fortune de la famille Taguet fut presque toujours convenable, sans être élevée ; la médiocrité sauve les familles et une excessive richesse les perd.

Mon grand-père fut un riche laboureur, il fut comme les patriarches, pasteur distingué et craignant Dieu.

Pour favoriser le commerce local, il obtint par son influence et ses hautes relations, la création de foires à Meymac ; à la première foire de cette localité il y fit conduire vingt paires de bœufs et trois mille moutons de ses propres étables.

Ma grand'mère et ma mère ont obtenu, à plusieurs reprises, des comices agricoles, même à l'exposition de Paris, plusieurs prix ou médailles pour la belle et bonne qualité de beurre et fromage.

A sa mort, mon grand-père laissa, environ, trois cent mille francs. C'était un beau chiffre de fortune pour un simple cultivateur.

CHAPITRE IV

Généalogie des enfants nés du mariage de mon grand-père avec Mlle Négrerie

12 enfants (1737-1826)

Mon grand-père né en 1737, décédé le 9 avril 1826 eut une nombreuse postérité (12 enfants). Voici les noms de ces enfants.

Jean Taguet décédé le 19 août 1815, soldat.

François Taguet né en 1778, décédé le 21 janvier 1838, âgé de soixante ans, célibataire.

François-Jean Taguet aîné, décédé le 17 juillet 1844, père de Philippe Taguet.

Antoinette Taguet née en 1707 décédée en 1840.

Marguerite Taguet, décédée en 1848 à l'âge d'environ quarante ans.

François Taguet, prêtre, curé de Saint-Fréjoux près d'Ussel, décédé le 22 février 1853 âgé de 70 ans.

Joseph Taguet, décédé le 3 mars 1874, âgé de 82 ans, célibataire.

Françoise Taguet, décédée en 1878, âgée de 78 ans.

François Taguet, prêtre, chanoine honoraire, curé-doyen de Bugeat, décédé le dimanche de la Pentecôte en 1880, âgé de quatre-vingt-deux ans.

Léonard Taguet, prêtre, curé d'Ambrugeat, né le 2 octobre 1805, décédé le 24 août 1875, âgé de soixante-dix ans.

Henri Taguet, prêtre, chanoine titulaire de Tulle, né le 10 août 1809, décédé à Tulle, le 11 janvier 1873.

Jean-Baptiste Taguet, mon père, décédé en 1886.

Un mot sur chacun

1° Jean Taguet, né du premier mariage de mon grand-père avec Mademoiselle du Boucheron, du Château d'Ambrugeat, mourut à l'armée sous le premier Empire, comme nous l'avons déjà raconté.

2° François Taguet, fils aîné du mariage de mon grand-père avec mademoiselle Négrerie : homme fort intelligent, reçut selon l'usage du pays le quart des biens et fortune de ses parents, épousa mademoiselle Pradeloux de Barsanges, ancienne famille ; il fixa sa résidence à Barsanges, pour mieux gérer ses vastes domaines, il fut greffier de la Justice de paix de Bugeat en même temps qu'expert-géomètre, est une des plus hautes personnalités de l'arrondissement d'Ussel ; il eut un seul fils nommé Jean-Baptiste-Philippe Taguet jeune homme intelligent et bien élevé qui épousa Mademoiselle Julie Aurore angélique Grandchamp Decueille de Treignac, jeune personne accomplie ; elle mourut en donnant le jour à son fils Edouard Taguet, elle avait eu une fille nommée Claire Taguet, née deux ans avant son frère ; ce fut un grand malheur ; toute la famille pleura longtemps cette jeune dame qu'on estimait et aimait à cause de ses précieuses qualités ; elle emporta dans la tombe, les plus belles espérances et pour tout dire, l'avenir et la branche aînée de la famille.

Monsieur Jean-Baptiste-Philippe Taguet inconsolable, découragé, mourut tout jeune, à l'âge de trente-trois ans, le 8 octobre 1859, laissant deux petits et charmants orphelins, qui restèrent sous la tutelle de leur grand-oncle François Taguet, curé-doyen de Bugeat.

Mademoiselle Claire Taguet, distinguée comme sa mère, entra en religion, au printemps de sa vie, au couvent de Saint-Ursule de Brive, qu'elle habite depuis environ cinquante ans ; c'est une excellente et fervente religieuse, un noble cœur, une amie d'enfance.

3° François Taguet était un charmant garçon, aimant les voyages, les excursions, la chasse, la littérature, la poésie. En compagnie d'un cousin de la famille Arfeuillère il poussa ses lointains voyages jusqu'en Amérique. Il mourut célibataire en 1838.

4° Antoinette Taguet épousa Monsieur Léonard Borderie appartenant à une honorable famille d'Ambrugeat demeurant au village de Laubart; était Maire de sa commune et décoré de l'Ordre de Saint Louis, mort en 1844; ses descendants habitent encore le même village et jouissent de la considération publique.

5° Marguerite Taguet, épousa Monsieur Billot de Lamour, commune de Saint-Yrieix-le-Déjalat, ancienne et honorable famille, son mari est mort le 19 juillet 1853 ; ils ont laissé une assez nombreuse famille.

6° Henriette Taguet, épousa Monsieur Ratelade commerçant en orfèvrerie à Eygurande ; trois enfants sont issus de ce mariage : Elie, François et Aimé Ratelade.

Monsieur Ratelade est mort le 9 mai 1873, madame Ratelade en 1878.

7° François Taguet, prêtre, élève du petit Séminaire du Dorat, condisciple et ami de l'illustre monseigneur Berteaux, évêque de Tulle, homme de haute stature, chantant admirablement, refusa toujours un poste élevé offert par son Evêque.

J'ai passé chez lui, à Saint-Fréjoux, près Ussel, le printemps de ma vie, il fut pour moi, un second père ; il aimait beaucoup mon père et le fit son héritier.

8° Joseph-Martial Taguet, homme du monde renommé par sa taille de géant, sa force herculéenne, sa beauté, sa politesse exquise, sa bonté constante, habita quelques années Paris, puis Bugeat, avec la place de greffier de la justice de paix de ce canton où il est mort célibataire, le 3 mars 1874.

9° François Taguet, prêtre doux et aimable comme St François de Sales, fut d'abord secrétaire particulier de Monseigneur de Mailhet de Vachères évêque de Tulle, puis économe du petit Séminaire de Servières où il fit faire de grandes et importantes constructions pour l'agrandissement du vieux manoir de Servières ; il mérita toute la confiance et l'estime de son Evêque qui le nomma chanoine honoraire et curé-doyen de Bugeat, où il est resté, cinquante ans, aimé de Dieu et des hommes.

En 1879, mon oncle se démet de sa cure, en ma faveur, l'excellent vieillard voulait prendre, au soir de sa vie, quelques jours de repos bien mérité, hélas ! ce temps fut court, il mourut, quelques mois après mon installation, pendant mon voyage à Rome, le Saint Jour de la Pentecôte, en 1880, à l'âge de quatre-vingt-deux ans.

10° Léonard Taguet, prêtre, né à La Saulière, le 2 octobre 1805, baptisé à Pérols le 3 octobre 1805, ordonné prêtre le 3 juillet 1831, vicaire à la Graulière à Tulle, nommé curé d'Ambrugeat le 1er juin 1832, il marche vite à cause de ses talents et de ses précieuses qualités, doué d'un jugement droit et pratique, il gouverne durant cinquante ans, avec sagesse et autorité, sa paroisse dont il fut un père et une providence par ses bons conseils et par sa bourse ouverte aux besoins de ses paroissiens. — Atteint à la fin de sa carrière d'une longue et grave maladie, qu'il supporta avec une grande résignation, il mourut en bon prêtre, le 24 août 1875 âgé de soixante-dix ans.

Il fut mon parrain et mon bienfaiteur; je suis resté auprès de lui comme auxiliaire quelques années, il m'aimait comme un fils, et il me fit son exécuteur testamentaire, il m'est doux de bénir sa mémoire et de prier pour le repos de son âme.

11° Henri Taguet, prêtre éminent, né le 10 août 1809, ordonné prêtre le 21 décembre 1833, décédé chanoine titulaire à Tulle, le 11 jauvier 1873.

Prêtre savant et pieux, d'une belle prestance et d'une tenue de prince, philosophe, littérateur, mathématicien, éloquent prédicateur, professeur et supérieur au petit Séminaire de Brive dont il fut la gloire, théologien et ami de l'illustre Evêque de Tulle Monseigneur Berteaux.

C'était un dieu pour ses élèves; pendant quarante ans, il fit recevoir bacheliers à Cahors une foule de jeunes gens; tout candidat présenté par lui était généralement reçu.

Il fut proposé pour un évêché; on désirait beaucoup en faire un évêque, mais on ne put obtenir son adhésion tant étaient profonds ses scrupules et grande sa modestie. « La responsabilité d'un évêque est trop grande », disait-il; il était connu de tout le Diocèse et au loin dans les diocèses de Cahors et de Périgueux, sous le seul nom de « l'abbé Henri. »

Mon oncle fut l'ami et le condisciple de Monseigneur Dumoulin-Borie. L'église de Bugeat possède comme relique une belle lettre autographe du bienheureux martyr adressée à mon oncle Henri en 1830 par l'abbé Borie, diacre, au séminaire des missions étrangères.

12° Jean-Baptiste Taguet, mon père (*Voir le chapitre suivant*).

CHAPITRE V

Jean-Baptiste TAGUET et madame Jean-Baptiste TAGUET née Rose BOURZAT, mes parents.

Jean-Baptiste Taguet hérita pour ainsi dire de toutes les brillantes qualités de ses ancêtres, de son père en particulier, et par les lois de la Providence qui règlent toutes choses, il devint le chef distingué et incontestable de l'illustre famille Taguet.

Ses onze enfants attesteront toujours qu'ils eurent en lui le meilleur des pères.

Il fut le dernier Maire de la commune de Barsanges. (*Le dernier d'une grande race dans cette commune*). Maire de Saint-Yrieix-le-Déjalat pendant trente ans; juge suppléant de la justice de paix d'Egletons, il jouit toute sa vie de l'estime, de la considération et de l'amitié de ses concitoyens. Il fut d'abord propriétaire à La Saulière, le doux pays natal de ses ancêtres, puis en 1840, devenu propriétaire du château et des propriétés de la famille Puyrémont, ancienne place des Seigneurs de Montama.

Mon père fut admirablement secondé par sa femme, ma vénérable mère à nulle autre pareille, et nous lui consacrons les quelques lignes qui suivent.

Madame Jean-Baptiste Taguet était fille de Monsieur Bourzat, notaire à Pérols (*Voir le chapitre suivant consacré à Monsieur Bourzat*).

La Sainte Ecriture retrace admirablement le portrait de ma mère.

« Mais qui trouvera une femme forte ? Elle est plus rare et plus précieuse « que les perles qu'on apporte des extrémités du monde : le cœur de son « mari met sa confiance en elle, elle lui rendra le bien et non le mal. Pendant « tous les jours de sa vie, elle a cherché avec soin la laine et le lin nécessai- « res pour l'entretien de sa maison et elle les a travaillés elle-même avec des « mains sages et ingénieuses ; sa vigilance n'est pas moins admirable que son « travail ; elle se lève lorsqu'il est encore nuit, elle est attentive à tout ce « qui peut être avantageux et elle se conduit en tout avec une extrême pru- « dence et elle ne s'est point découragée de ses travaux, mais elle a ceint ses « reins de force et elle a affermi son bras, elle a ouvert sa main à l'indigent « elle a étendu son bras vers le pauvre ; ses enfants se sont levés au milieu de « l'assemblée des peuples et ont publié qu'elle était très heureuse ; son mari « s'est levé lui-même et l'a louée hautement. »

Telle fut ma mère adorée.

CHAPITRE VI

Monsieur BOURZAT, Chevalier de la Légion d'honneur
Madame BOURZAT née ESCLAVARD

Mon grand-père et ma grand'mère maternels ancêtres des familles : TEYSSIER, TAGUET, LECOUR, MAJOUR, BILLOT, LEVADOUR.

Monsieur Bourzat, mon grand-père, fut un homme distingué entre mille ; il habita d'abord, au Vaubourzeix, quelques années, puis il établit sa résidence à Pérols, où il a été, durant de longues années, et avec distinction, maire, notaire et conseiller général du canton de Bugeat.

Son père était venu de Treignac s'établir au Vaubourgeix ; la famille était par conséquent originaire de Treignac, ainsi que celle de Monsieur Bourzat de Brive, député à l'Assemblée Constituante ; nous tenons ces renseignements de la bouche même de mon grand-père, qui entretenait des relations amicales avec son cousin de Brive.

Monsieur Bourzat épousa mademoiselle Esclavard d'une illustre et ancienne famille de Treignac.

Monsieur Bourzat avait la taille au dessus de la médiocre, le corps bien fait, robuste et capable de résister à toutes les fatigues. Il avait les traits du visage bien formés, les yeux bleus, le teint beau, les cheveux blonds, la physionomie heureuse et tout à fait avenante. Il avait beaucoup de bon sens, l'esprit net et solide, une valeur ferme et toujours égale.

Quand le temps le permettait, chaque matin, il se promenait en suivant la route qui traverse Pérols, saluait ses voisins qui l'aimaient, tant il fut bon; entendait, chaque jour, la sainte messe, visitait le curé qui était son ami, puis, après un petit déjeuner, il entrait dans son étude et n'en sortait qu'à midi. A ce moment, avait lieu son principal repas, généralement on lui servait un gigot, une truite de une à deux livres, un pâté en entier qu'il prenait dans les deux mains, le mangeant à belles dents; il terminait son repas par un gros bol de café, vidait le sucrier dans ses poches, prenant plaisir à distribuer ces morceaux de sucre aux petits enfants.

La table était très hospitalière et servie abondamment; du reste tout arrivait en abondance à Pérols ; dans cette famille patriarcale, on voyait ça et là : moutons, lièvres, perdreaux, poissons, toutes les denrées du pays, pains de sucre, liqueurs, apportés comme cadeau par les clients et les amis de Monsieur Bourzat, et aux jours de fête, il n'était pas étonnant de voir à sa table jusqu'à trois cents convives.

Voici trois anecdotes sur Monsieur Bourzat.

A une réunion du Conseil Général, où se discutait le projet d'un palais à bâtir pour la préfecture de Tulle, durant la discussion, qui était assez vive, Monsieur Bourzat s'endormit ; Monsieur le Préfet demanda à chacun des membres du Conseil Général, son avis sur le projet en question : « Eh bien ! Monsieur Bourzat, s'écria le Préfet, en élevant la voix, qu'en pensez-vous ? » Monsieur Bourzat se réveilla, entendant à peine la question de Monsieur le Préfet, répondit aussitôt « toujours de l'avis de Monsieur le Préfet » et grâce à l'assentiment de Monsieur Bourzat, le projet fut admis à une voix de majorité.

Monsieur Bourzat reçut un jour de Conseil de révision Monsieur le Préfet, les Maires du canton et autres personnages.

On causa de choses et autres, même d'histoire ; Monsieur le Préfet, se croyant au milieu d'une académie, étala toute sa science, excita Messieurs les Maires à étudier l'histoire de France, disant : « Il y a des dates importantes que tout le monde doit connaître ; par exemple, on doit savoir, qu'en 732, au mois de mars, furent battus les *Sarrasins.* » A ces paroles, un Maire qui se trouvait à l'extrémité de la table, se leva et prit la parole en ces termes : « Pardon, Monsieur le Préfet, vous vous trompez, on ne bat les *sarrasins*, qu'au mois de septembre. »

Alors, Monsieur Bourzat intervint avec beaucoup d'esprit, pour sauver l'honneur de son maire et répondit :

« Ah ! oui, mais, c'était les *sarrasins* de l'année précédente. »

Monsieur Bourzat avait été surnommé le roi de la montagne, tant était grande son autorité.

Un préfet de la Corrèze, probablement mal renseigné, voulut faire de la candidature officielle et opposa un candidat à Monsieur Bourzat ; ce dernier fut nommé quand même et eut une grande majorité.

Quelques jours après, le conseiller général du canton de Bugeat rencontra Monsieur le Préfet qui le salua du nom de roi de la Montagne. « Oui, Monsieur le Préfet, répondit Monsieur Bourzat, oui, roi de la Montagne malgré vous. »

Monsieur Bourzat mourut plein de jours emportant des regrets unanimes. On vit à ses obsèques une grande partie des habitants du canton de Bugeat, de Meymac, de Sornac, Ussel et Treignac, presque tous les conseillers généraux du département, avec le Préfet de Tulle. Plusieurs discours furent prononcés ; le clergé tout entier du canton de Bugeat honora de sa présence et de ses prières les funérailles très solennelles de Monsieur Bourzat.

L'impression générale du public se résumait par ces réflexions : le pays fait une grande perte...

Monsieur Bourzat était un homme distingué, juste, aimé de Dieu et des hommes.

Monsieur Bourzat laissa son étude très importante par le nombre et la valeur des actes à Monsieur Armand Teyssier, son petit-fils ; il lui laissait en même temps une très jolie fortune, de beaux exemples de nobles traditions ; il comptait sur ce jeune homme, pour lequel il avait une vive affection, pour continuer et augmenter même l'importance de la maison de Pérols. (*Voir le chapitre:* **Famille Teyssier de Pérols**).

CHAPITRE VII

Généalogie des enfants nés du mariage de mon père Jean-Baptiste TAGUET avec Mademoiselle Rose BOURZAT, ma mère.

Dieu bénit les nombreuses familles.

Treize enfants sont nés de ce mariage savoir :

1° **Philomène Taguet** qui a vécu un jour seulement.

2° **René-François Taguet,** docteur en médecine, distingué et ami des pauvres ; il a exercé, avec succès, la médecine à Ussel, Neuvic, Egletons et Bugeat.

Il avait fait ses études au petit Séminaire de Brive, brillant élève, sous la direction de son oncle l'abbé Henry Taguet ; il avait une physionomie distinguée et expressive ; il portait une belle chevelure, à la Nazaréenne, comme les Anciens.

Il mourut à l'âge de quarante ans, au mois d'octobre 1870, universellement regretté ; il avait épousé Mademoiselle Alice-Christine-Ruben de Condamine appartenant à une ancienne et honorable famille d'Eymoutiers.

Madame René Taguet avait reçu une bonne instruction, jointe à une parfaite éducation ; fervente chrétienne, elle trouva dans sa foi, sa piété et dans le soin vigilant et intelligent de ses deux filles, un adoucissement à sa grande douleur et à son deuil éternel.

Nous avons connu quelques membres de la famille de ma belle-sœur : Madame Lanouaille née Gervais de Lafont, Messieurs Lanouaille père et fils, Monsieur Armand Lanouaille qui est un bel homme et bien aimable excellent ami, marié à une dame bien distinguée.

Madame Emma Teyssier, sœur de madame René Taguet, dame charmante par sa bonté, modestie et humilité.

Madame Saint-Bernard, ancienne supérieure du Couvent des filles de Notre-Dame à Ussel. Ce n'est pas une religieuse ordinaire : c'est une abbesse ; c'est une reine.

Mon regretté frère René laissa en mourant deux filles : Camille et Irène. (Cette dernière naquit un mois après la mort de son père.)

Camille avait épousé Monsieur Alexis Materre, du Lonzac, jeune homme fort distingué par sa beauté, ses bons principes et son excellent caractère. Sa mort prématurée fut un deuil pour toute la famille.

Nous tous avons regretté vivement un parent si bon ; ce fut une rude épreuve pour sa femme adorée et si aimante. Pauvre Alexis ! après de longues années nous avons gardé un souvenir ineffaçable de votre douce et belle physionomie et des qualités de votre cœur.

Ma nièce a épousé, en deuxièmes noces, Monsieur Duvoisin-Mazorie, riche industriel de Limoges, allié aux premières familles de cette ville, charmant parent tout heureux de faire le bien autour de lui.

Cruelle destinée pour ma nièce ! Monsieur Duvoisin vient de mourir dans le courant de l'année 1905 laissant inconsolable sa dame dont la beauté, l'esprit et les précieuses qualités sont appréciées de tout Limoges, et toute la famille a pour elle une grande admiration et un profond attachement.

Monsieur Duvoisin-Mazorie a laissé un fils, issu d'un premier mariage, docteur en Droit, Avocat à la Cour d'Appel, à Limoges. Monsieur Franck Duvoisin-Mazorie est fort distingué, doué de précieuses qualités, avec une belle fortune ; tout annonce à cet excellent jeune homme un brillant avenir.

Irène Taguet a reçu à Paris, au couvent du Sacré-Cœur, une bonne instruction, elle est intelligente, fervente chrétienne et zélée tertiaire du Tiers-Ordre de Saint François d'Assise.

Elle est mariée à un homme digne d'elle : Monsieur René Thomas-Duris, docteur en médecine né en 1839, 31 janvier, intrépide champion des nobles causes touchant Dieu, l'Eglise et son pays, savant littérateur et rechercheur de vieux bouquins et de livres précieux, il possède une grande bibliothèque; sa famille est des plus anciennes, des plus honorables de la Creuse. Un de ses grands oncles a été grand-maître de l'Ordre de Grammont.

Son frère aîné Monsieur Georges Thomas-Duris est un savant, un des plus célèbres botanistes de la France et un très fervent catholique.

Mon neveu René et ma nièce Irène ont deux enfants : Hélène et Raymond. Ce dernier est mon filleul ; ils sont magnifiques, aux premiers jours, et ils donnent de bonnes espérances ; que Dieu les bénisse et se charge de leur avenir.

3° **Clara Taguet,** mariée à Monsieur Louis Beynes, notaire à L'giniac, allié par ses ancêtres à l'illustre famille de Soubise.

Madame Beynes, ma sœur adorée de nous tous, était douée d'une rare intelligence ; c'était bien la Sévignée de la famille : esprit élevé et noble, fervente chrétienne comme sainte Thérèse, portée au mysticisme céleste et aux réveries les plus poëtiques de sa foi vive.

Tous deux sont morts, laissant de vifs regrets dans la famille : Monsieur Beynes est mort à Brive en janvier 1894, ma sœur cinq ans plus tard.

4° **Paulin Taguet,** prêtre, missionnaire apostolique, décédé dans les Indes, à Rangoun, en juillet 1892.

5° **Charles-Auguste Taguet,** ancien greffier de la justice de paix de Bugeat, né en 1836, a fait plusieurs campagnes d'Italie, d'Afrique et celle de 1870. Nommé Lieutenant la même année, il fut mis à l'ordre du jour, à Dijon, pour son courage et sa vaillante conduite en présence de l'ennemi.

C'est un charmant homme, bon, hospitalier, doué d'un caractère jovial ; marié après 1870 à Mademoiselle Claire Zolopinska, fille d'un officier polonais, exilé en France, agent-voyer en chef à Ussel, fille de madame Diousidon, épouse de Monsieur Edouard Zolopinski, alliée au illustres familles de Fontmartin, de Soudeilles, de Ventadour, de l'Espinasse et de Chabanne.

Madame Auguste avait reçu une éducation soignée, à Paris, à l'institution de l'hôtel Lambert, distinguée par ses brillantes qualités ; artiste dans la musique, la peinture et le dessin, aimable et gracieuse belle-sœur, elle mourut presque subitement d'une phlébite, au mois d'octobre 1893.

Elle rendit le dernier soupir en disant : « Je veux aller au Ciel. » — Cette mort imprévue et prématurée brisa l'existence de son mari inconsolable d'une si grande et douloureuse perte et ce grand malheur fut également ressenti de toute la famille et de tout Bugeat.

Sa fille adorée, Gabrielle, fut élevée, avec soin et une rare sollicitude maternelle, par sa mère dont le cœur très noble et les rares qualités faisaient une institutrice incomparable : on peut dire de ma nièce : telle mère, telle fille.

Ce sont les mêmes qualités et les mêmes distinctions. Gabrielle est mariée à Monsieur Jean Eyssartier, conservateur des hypothèques, officier d'académie Chevalier de l'Ordre de l'étoile noire du Bénin, vrai gentilhomme qu'on ne saurait assez estimer, apprécier et aimer.

Un grand malheur est venu presque subitement assombrir un foyer si heureux par la mort de leur fille aînée, Marcelle, décédée à l'âge de douze ans en 1904.

« Et rose, elle a vécu, ce que vivent les roses,
« L'espace d'un matin. »

Puisse la Providence les consoler d'une perte si douloureuse, veiller sur leur seconde fille Andrée, lui assurer d'heureux et longs jours comme tout semble l'annoncer dans cette chère et aimable enfant qui doit réunir en elle toutes les qualités, amabilités et espérances de sa grand'mère, de son père, de sa mère et de sa sœur, brisée aux premiers jours de son printemps, comme une fleur, un tendre lys, par l'orage et la cruelle tempête.

6° **Ernest Taguet** mort à l'âge de onze ans; c'était un joli garçon ; son père et sa mère furent inconsolables ; il mourut le 26 août 1848.

7° **Léonard-Désiré-Léon Taguet,** prêtre, chanoine honoraire de Tulle, Curé-Doyen de Bugeat, né le 6 septembre 1840, au village de La Saulière, commune de Pérols, section de Barsanges (ancienne commune), a passé les premières années à Saint-Fréjoux, chez son oncle, curé de cette paroisse et le plus aimable des hommes : une vieille femme, âgée de cent dix ans, lui apprit à lire et frappa vivement son imagination enfantine, par les vieilles histoires de la grande Révolution ; elle lui annonça une longue vie et beaucoup de bonheur, tout cela est indiquée par l'ordre de la naissance ; vous êtes treize frères, vous le septième, six avant vous, six après : d'où votre bonheur.

En cette prédiction, cette sorcière ou pythonisse pouvait se baser sur l'axiome ; la perfection est au milieu « *in medio stat virtus* ».

Laissons de côté, ces vieux temps et cette prophétie.

Léon est le dernier, né à La Saulière, berceau d'une grande race ; doué d'une belle imagination, toujours jeune et beau, comme le dit le proverbe, a cultivé la littérature, la poésie, à ses heures ; professeur au petit Séminaire de Brive, durant neuf ans : ordonné prêtre le 10 juin 1865, curé d'Ambrugeat, il remplace son oncle, son parrain, son bienfaiteur en 1875. Nommé curé-doyen de Bugeat, il remplace son cher oncle démissionnaire, en 1879, au mois de novembre. Il aime les arts, les sciences, et les livres.

Elève de rhétorique, il sait par cœur une grande partie des œuvres de Chateaubriant, de Bernardin de St Pierre, de Lamartine, de Millevoye, etc. Il aime les lointains voyages qui peuvent l'instruire : en 1880, il fait un long voyage en Italie, il rentre enchanté et ravi de tout ce qu'il a vu : voir Rome, le Pape, Naples, Milan, Florence, Venise et mourir ! ! !

Il fut toujours chéri de ses supérieurs, et en particulier de son Evêque, qui se plaît à se reposer une semaine entière, dans sa visite pastorale, au presbytère de Bugeat, charmante villa du Vatican.

Il aime son église et ses saints, le luxe pour la maison du bon Dieu, sa famille et ses nombreux amis, sa paroisse, son pays, l'Eglise, la France.

Sa maison est un vrai musée très intéressant, il accueille, avec bonté et simplicité, parents, amis, confrères, étrangers, les pauvres, et il exerce largement l'hospitalité la plus cordiale ; pour lui, il est d'une sobriété monacale et d'un service agréable, toujours content et heureux au milieu des ouvriers.

Libéral, franc, loyal, il déteste les ambitieux, les hommes fourbes et sectaires, il aime la liberté et il la veut pour tous.

Comme Monseigneur Berteaud, dont il fut un grand admirateur, il aime les vieux temps, les antiquités, les vieux usages, les mœurs des siècles passés, la gloire des ancêtres, la foi, les œuvres et la piété des aïeux, des croyants, des grands hommes : *temporis acti laudator* ; du reste, le style, a-t-on dit, c'est l'homme, lisez son **Livre d'or** et vous le reconnaîtrez un peu partout.

Et Léon, prêtre, bénit, de tout cœur, ses aimables lecteurs et lectrices, jusqu'à la quatrième génération.

8° **Henri Taguet**, né en 1842, docteur en médecine, savant dans les sciences médicales, aliéniste, a été docteur en chef dans un grand nombre d'asiles d'aliénés, Paris, Bordeaux, Dijon, Vannes, etc. Marié à Mademoiselle Manceau d'une ancienne et honorable famille, de Neuilly. Celle-ci est digne par ses qualités qui en font une dame accomplie, d'être la compagne adorée de son cher Henri.

Mon illustre frère à écrit plusieurs ouvrages couronnés par l'académie et approuvés par les facultés de médecine en France et à l'étranger. C'est un philosophe, un écrivain distingué, un polémiste de grand bon sens, la presse recherche et apprécie ses articles sur la science, la politique, la religion et l'histoire et legendes de son pays : en un mot c'est un esprit droit et bien cultivé et orné de vastes connaissances ; au milieu de sa famille, il brille par sa distinction non ordinaire, sa générosité, son dévouement et sa bonté qui le font tout à tous.

Un seul fils, Charles Taguet, qui est le seul héritier du nom Taguet de notre famille, le dernier d'une grande race. C'est un beau jeune homme, grand comme ses ancêtres Joseph et François, il a fait de brillantes études ; il est mille fois digne d'éloges par sa bonne tenue, modestie, sagesse, prudence et amabilité de caractère ; en lui semble se réunir la beauté, la valeur, la courtoisie, la dignité, et la générosité de ses ancêtres : *tu Marcellus eris !* est aujourd'hui Interne des hôpitaux de Paris, célébrité médicale l'avenir lui sourit avec le talent et la fortune et de grandes espérances. Qu'il en soit ainsi : ses succès et son bonheur combleront de joie sa famille, ses anciens maîtres et tous ses admirateurs et amis.

9° **Philippe Taguet** officier d'académie, né en 1845 ; au printemps de sa vie, mon aimable frère Philippe rêva la gloire, les aventures et les voyages lointains ; il partit pour l'Asie, les Indes, vit Alexandrie en compagnie de notre frère missionnaire apostolique en Birmanie ; grâce à ses capacités et à son travail, persévérance et endurance, mon frère Philippe fut quelques mois après son installation au Consulat à Calcuta, nommé Vice-Consul Français, mais, par suite d'une longue maladie occasionnée par le climat de ce pays, le tombeau des Français, il fut obligé de rentrer en France, et sa santé rétablie, il s'est fait une brillante et lucrative position dans l'administration des chemins de fer. Estimé et apprécié de ses chefs qui lui ont confié les plus hautes places, les postes les plus difficiles, les missions les plus délicates.

Aujourd'hui, il jouit d'une bonne retraite bien méritée et bien rétribuée. Ses chefs et ses collègues l'ont vivement regretté et lui ont donné mille témoignages de leur estime, regrets et amitié et un joli cadeau de leur reconnaissance pour services rendus à tous.

Madame Philippe est une demoiselle Allègre d'Allassac, grande et illustre famille du Bas-Limousin, son père était docteur en médecine, en grand renom, Conseiller Général du canton de Donzenac, chevalier de la Légion d'honneur, ami intime de Monsieur Bourzat, mon grand-père ; ma charmante belle-sœur, madame Marguerite, aime les arts, la musique, le progrès, les voyages, les excursions lointaines, l'art épistolaire ; son salon et ses soirées sont bien fréquentées, elle fait les honneurs de sa maison, avec une rare distinction, ajoutez à ces qualités une parfaite éducation, bonté exquise, une foi vive et une piété sans égale.

10° **Alice Taguet,** religieuse ursuline, au Couvent de Sainte-Ursule de Tulle, décédée le 26 septembre 1874 en odeur de sainteté ; elle apparut quelques jours après son décès à notre mère et lui recommanda de placer sur sa tombe, à Saint-Yrieix, une statue de la Sainte-Vierge, ce qui fut fait aussitôt. Oh ! ma sœur, vous qui avez été un modèle de vertu et de sainteté, priez du haut du Ciel, pour nous tous, vos parents, vos frères, vos amis qui avions pour vous une si vive admiration et une affection si sincère.

11° **Néomie Taguet,** ancienne élève du Couvent de Sainte-Ursule de Tulle, grande et jolie femme très entreprenante, selon l'axiome : aide-toi, le Ciel t'aidera.

Bien mariée (on ne peut mieux) à Monsieur Zacharie Bosredon, d'une très digne et très honorable famille du Perigord.

Après Dieu, elle doit ce bonheur à son frère Léon qui, par ses relations avec M. Bosredon, durant son séjour, comme professeur à Brive, par son amitié, dévouement et par sa bourse, bien mince alors, et son influence auprès de la famille, prépara ce mariage si heureux.

C'est donc Léon frère de Noémie, qui a implanté à Brive l'illustre et florissante colonie Noémie Taguet-Zacharie Bosredon. Ces choses, on ne devrait jamais les oublier !

Monsieur Zacharie Bosredon a été longtemps un excellent pharmacien, connu de tout Brive et du canton et des environs, fort apprécié et aimé de tous : comme ses ancêtres, fervent catholique, l'homme juste parfait, travailleur, économe, le modèle des époux et des pères.

Enfants : Marguerite, aimable et gracieuse comme son nom, a épousé Monsieur Alfred Escaravage, avoué consciencieux, laborieux et fort apprécié: deux jolies et gracieuses fillettes Madeleine et Paulette ornent ce foyer et font espérer dès le printemps tout de rose un brillant avenir.

Le Docteur Jean Bosredon, savant médecin, a fait les plus brillantes études, même en pharmacie ; très sympathique à sa famille et à tout Brive où il occupe la première place, comme médecin ; il a tout pour réussir : talent, facilité, amabilité et dévouement.

Madame Jean Bosredon est la plus jolie femme de Brive, c'est une reine, avec de précieuses qualités ; une fillette, Marthe, est le plus beau fleuron de sa couronne, charmant bouton de rose.

Le Docteur Léon Bosredon, mon filleul, beau jeune homme bien doué et fort recherché dans les soirées, tant il est élégant, instruit, beau parleur et aimable ; tout semble annoncer en lui un brillant avenir.

Henri Bosredon, encore jeune, doué d'un caractère charmant ; il ne sera pas inférieur à ses frères aînés ; il est militaire : sa belle prestance, son travail persévérant et son désir d'arriver feront de lui, certainement, un brillant officier.

❀❀❀

12° **Ernest Taguet,** le bien-aimé de mon père et de ma mère. Receveur des postes à Bordeaux, officier d'académie ; c'est une belle âme ! Il peut dire à tous : apprenez de moi que je suis doux et humble de cœur, tant il est aimable de caractère.

Sa compagne adorée de tous est douce et gracieuse comme lui, elle est instruite et bien élevée : elle est la fille d'un ancien et savant professeur de Bourges.

❀❀❀

13° **Benjamin Taguet,** l'idole de mes parents, est mort à l'âge de sept ans ; c'était un enfant superbe ; il mourut du croup ; son père et sa mère furent inconsolables... et fleur il vécut, ce que vivent les roses, l'espace d'un matin.

CHAPITRE VIII

Les enfants de Monsieur BOURZAT mon grand-père

Du mariage de Monsieur Bourzat, sont nés plusieurs enfants savoir : Madame Teyssier, Madame Taguet, Madame Lecour, Madame Billot, Madame Majour et Madame Levadour.

Nous dirons un mot sur chacune de ces familles.

1° Famille Teyssier

La fille ainée de Monsieur Bourzat, appelée Joséphine, épousa Monsieur Teyssier du Lonzac ; dans le nobiliaire Limousin, la famille Teyssier est dite : Teyssier d'Orfeuil, Seigneur de Tintignac. (*Ancienne ville Gallo-Romaine, située près Tulle*).

Monsieur Teyssier était un homme modeste, très bon et profondément religieux : Monsieur Bourzat, tout en estimant beaucoup son gendre, garda pour lui, le gouvernement de la maison et des affaires, et, à sa mort (*de M. Bourzat*) son petit fils, Monsieur Armand Teyssier, du consentement de son père, succéda à son grand-père. Nous allons établir un chapitre pour ce dernier, à cause de l'importance de la maison de Pérols.

Madame Teyssier était une femme distinguée entre mille, ma grand'mère et elle, ont laissé les meilleurs souvenirs de leur sagesse, bonté, intelligence, vie chrétienne édifiante et leur bonne administration.

Ma tante Madame Teyssier, mourut à l'âge de quarante ans, ce fut une grande perte et un grand deuil pour ses enfants, son mari et toute la famille.

Le Ciel lui-même sembla glorifier celle qui avait été un sainte femme, amie des pauvres ; ma tante avait une grande dévotion pour deux images qui représentaient Saint Augustin et Sainte Joséphine ; elle vénérait ces deux images qu'elle tenait entre ses mains, durant ces longues et ferventes prières. Tantôt elle embrassait l'une, tantôt l'autre.

Or après sa mort, on vit les deux images passant l'une sur l'autre, à tour de rôle, comme changées de place, par une main invisible... Le prodige se renouvela souvent, et fut attesté par un assez grand nombre de personnes de la famille, ma mère et ses sœurs, et même le prodige se fit visiblement en présence de Monseigneur Berteaud Evêque de Tulle, ami du père Bourzat, se trouvant en tournée pastorale, à Pérols, et dans la maison même ; le saint Evêque en fut dans la vénération et l'étonnement, lui aussi, pria longuement, devant les deux images miraculeuses, et ordonna de les encadrer et de les conserver, avec un religieux respect. Ces deux images sont encore de nos jours, dans la maison de Pérols, toujours vénérées particulièrement par Monsieur Armand Teyssier qui les contempla, avec extase, une dernière fois, avant de rendre le dernier soupir.

Du mariage de Monsieur Teyssier avec Mademoiselle Bourzat sont nés : Armand Teyssier, Coralie Teyssier, Maria Teyssier, Amélie Teyssier, Alida Teyssier, Léontine Teyssier.

CHAPITRE IX

Monsieur Armand TEYSSIER

Monsieur Armand Teyssier, né en 1836, remplaça son grand-père Monsieur Bourzat, son père s'effaçant et laissant les honneurs et le gouvernement de la maison fondée par le grand-père à son petit fils déjà initié à tout, du temps de Monsieur Bourzat, celui-ci l'avait ainsi réglé.

Monsieur Armand Teyssier prend donc, avec bonheur, presque au printemps de sa vie, le sceptre de famille, les honneurs, les droits d'ainesse, l'étude, les propriétés, le coffre-fort assez bien garni, il gouverna avec sagesse, avec justice, il sera chef de famille, notaire, maire, conseiller général, juge de paix, il épousa Mademoiselle Emma Ruben la de Condamine, qui lui apporta une riche dot, un nom illustre et mille qualités précieuses.

Monsieur Teyssier a parfaitement rempli sa carrière, répondu aux espérances de son aïeul, Monsieur Bourzat.

On ne saurait trop vanter son intelligence dans les affaires, son honnêteté, son activité, sa bonté et sa générosité.

Monsieur Teyssier est décédé, muni des sacrements de l'Eglise ; nous devons même ajouter que sa mort a été fort édifiante, celle d'un bon catholique : il a rendu à Dieu sa belle âme, le 17 février, 1906 à neuf heures du soir.

Pour compléter notre travail sur cet illustre parent, nous reproduisons ici l'article nécrologique sur sa mort et les discours prononcés sur sa tombe.

BUGEAT. — *Nécrologie.* — Mardi ont eu lieu les obsèques religieuses de M. Teyssier notaire à Pérols, ancien conseiller général, ancien maire.

Une foule nombreuse, accourue de tous les points du département avait tenu à accompagner jusqu'à sa dernière demeure le regretté défunt.

Nous ne pouvons, tant la foule était considérable, penser à citer des noms, mais sans crainte de nous tromper, nous pouvons dire que toutes les classes de la société étaient représentées, attestant ainsi qu'il avait su gagner des sympathies partout. C'était certainement le plus beau témoignage que ses concitoyens, tous ceux qui l'avaient connu pouvaient rendre à sa mémoire.

Au cimetière devant la foule attristée et recueillie, les deux discours suivants furent prononcés.

Discours de Monsieur Faucher, notaire.

Mesdames, Messieurs,

J'ai le devoir, au nom de la Compagnie des notaires de l'arrondissement d'Ussel, de venir sur cette tombe trop tôt ouverte, dire le dernier adieu au confrère qui n'est plus.

J'ai le devoir de faire revivre les qualités d'esprit, de cœur et de raison qui firent de Monsieur Teyssier le notaire aimé et estimé de tous ceux qui l'approchaient :

Qui firent de l'ancien Président de notre Compagnie, le conseiller bienveillant écouté de tous ses confrères.

Mais quand l'émotion étreint le cœur, les lèvres sont impuissantes à traduire le sentiment qu'on éprouve !

Nous avions le droit, Messieurs, d'être fiers de notre confrère, et pendant le long exercice de ses fonctions, nous venons dire bien haut que monsieur Teyssier a honoré le notariat, et la Compagnie dont il faisait partie lui en a témoigné sa reconnaissance en l'appelant à diverses reprises à la présidence.

Né sur cette terre, sous ce climat peu clément, sur ces montagnes souvent recouvertes de neige, notre confrère avait l'âme haute et fière du montagnard, habitué à lutter contre les éléments.

Il aimait son cher pays de Pérols, il lui donnait tout ce qu'il avait de force, d'énergie et de dévouement, et lorsqu'il fut maire, conseiller général, son ambition fut la prospérité de Pérols, son embellissement, auquel il avait contribué par la réparation ou la réédification des bâtiments communaux.

Entouré de l'affection des siens, au milieu de ses clients dont il était l'ami, M. Teyssier avait trouvé le bonheur tranquille et sans secousse qui convenait à son éducation forte.

Il appartenait à une génération qui s'en va, à cette bourgeoisie vivant sur ses terres, accueillantes à tout venant, et pratiquant une hospitalité qui était légendaire.

D'un caractère égal et enjoué, qui ne se rappelle cette main loyalement tendue, et lui se donnant tout entier dans cette étreinte.

Depuis quelques mois, notre confrère se trouvait fatigué, il avait dû s'excuser de ne pouvoir assister à nos dernières réunions. Nous savions combien il lui était pénible de s'imposer cette retraite — et nos regrets étaient d'autant plus vifs — que nous ne pouvions plus hélas ! nous faire d'illusions sur son état de santé.

M. Teyssier est mort notaire ! il a voulu conserver ses fonctions jusqu'à ses derniers moments, laissant à tous l'exemple de sa droiture et son désintéressement dans ses fonctions.

Il nous reste ses fils, ses successeurs ! qui suivront cet exemple, et il se verra ainsi revivre dans ses plus chères affections.

Que madame Teyssier veuille bien nous permettre de lui offrir l'hommage de notre profond respect et de pleurer avec elle, avec ses chers enfants, l'ami qui nous est enlevé.

Et vous mon cher Teyssier, recevez le dernier témoignage de sympathie d'un peuple qui se presse autour de cette tombe, de tous vos confrères venus nombreux, et qui s'inclinent une dernière fois, en vous disant un dernier adieu.

Adieu !

Discours de M. Bourdicaud-Dumay.

Mesdames, Messieurs,

Au nom de l'amitié je viens dire un dernier adieu, à celui qui tant de fois sur les tombes entr'ouvertes de ses amis, a lancé le suprême salut à ceux qui nous quittaient.

De l'ancien magistrat et du notaire je ne veux pas parler, une voix plus autorisée que la mienne vient de le faire, mais de Teyssier intime, de celui qui pendant plus de cinquante ans m'a honoré d'une amitié qui ne s'est jamais démentie ni affaiblie, j'essaye de dire un mot.

Bien nombreux ici sont ceux qui savent combien Armand Teyssier était dévoué à ceux qu'il aimait, et Dieu merci, le nombre en était grand. Une santé faible, un labeur constant, ne lui laissaient guère le loisir de les visiter, mais il fallait voir combien il était heureux quand il pouvait en réunir quelques-uns à sa table hospitalière, quelle peine il se donnait pour les distraire, acceptant sans sourciller les petites railleries dont on le gratifiait, s'intéressant à leurs affaires, à leurs familles, aidant de ses conseils et de tous les services qu'il pouvait rendre.

Les amis comme lui ne se rencontrent pas souvent, et quand on les perd on ne les remplace pas.

Le suffrage universel qui l'avait tant flatté au début de sa carrière, s'est montré bien dur pour lui à la fin de sa vie, mais on ne l'a point entendu se plaindre ni récriminer, et l'on a pu dire que jamais, pas plus après les enivrements de la victoire qu'après les amertumes de la défaite Teyssier n'a cherché à nuire à ceux qui l'en conbattu,

Il était trop bon et trop chrétien pour descendre aux tracasseries de la vengeance.

Aussi c'est sans défaillance qu'il a vu approcher la mort et s'y est préparé. Comme moi il espérait retrouver ceux qui l'ont aimé et l'ont précédé dans la tombe.

Adieu cher ami, au revoir !

Puis la foule s'écoula lentement priant les membres de la famille de vouloir bien agréer ses condoléances.

A nouveau, nous la prions de vouloir agréer les nôtres, émues et sincères.

CHAPITRE X

Les enfants et les petits enfants de Mr Armand TEYSSIER

1° Monsieur Paul Teyssier

L'aîné des enfants est Monsieur Paul, homme bon et aimable richement et honorablement marié à Mademoiselle Delzon, d'une ancienne famille du Cantal.

Ils ont cinq enfants, qui certainement, répondront aux traditions de la famille ; ce sont : Gilberte, Mathilde, Marie-Thérèse, Léa, quatre jolies roses, Roger, le dauphin et l'héritier de la couronne ; Mademoiselle Mathilde est ma filleule.

2° Monsieur Charles Teyssier

Celui-ci semble avoir hérité de toutes les qualités de son père ; il est notaire, en résidence, à Bugeat ; son étude est importante, tant par le nombre que par la valeur des actes ; il habite la villa des Roses et de l'If géant.

Marié, tout jeune, à Mademoiselle Emilie Jousson, d'une honorable et riche famille de la Charente.

Nous avons eu nous-même le bonheur et l'honneur de bénir ce mariage, il y a environ dix-neuf ans, à Saint-Fort-sur-le-Ne, nous avons conservé un souvenir inoubliable de cette gracieuse noce, de l'amabilité et distinction de la famille Jousson et de tous les les aimables invités.

Monsieur et madame Charles Teyssier ont deux charmantes demoiselles, qui par leurs qualités, leur instruction et leur éducation, rappellent leur mère et donnent les plus belles espérances : Mademoiselle Renée est douée d'un talent musical extraordinaire, brillante élève du Conservatoire de Toulouse, elle a obtenu plusieurs prix et médailles, comme récompense de son talent, de son travail et de ses brillants succès. A ses talents pour la musique il faut ajouter une magnifique voix.

Mademoiselle Yvonne, sa sœur, est presque aussi bien douée pour la musique que sa sœur aînée, elle est d'un caractère turbulent et jovial, aussi gracieuse que bonne, elle apporte la joie et la gaîté dans les réunions familiales.

3° Adrien Teyssier

Adrien Teyssier, mille fois aimable par son excellent caractère, a épousé sa belle et bonne cousine, Mademoiselle Dupeyrix,

Ils ont trois gentilles fillettes : Germaine, Odette, Armande.

4° Jean-Baptiste Teyssier

Celui-ci est le filleul du Général Billot, jeune homme franc, loyal, généreux et bon garçon, nous lui souhaitons une compagne digne de lui, qui puisse le rendre heureux.

5° Mademoiselle Marguerite Teyssier

Celle-ci est mariée à Monsieur Lajugie, docteur en médecine à Juillac, célébrité médicale, le plus aimable des hommes : charmante famille, en grand renom, dans l'arrondissement de Brive ; ils ont trois charmants enfants : Jean, Yvonne, Robert, qui, certainement, marcheront sur les traces de leurs excellents parents.

6° Mademoiselle Marie-Louise Teyssier

Cette dernière mariée à Monsieur Jean Pécresse qui mérite, par son intelligence et sa réussite dans les affaires commerciales, le titre : Roi des voyageurs, en Belgique ; ils sont tous deux fort aimables et généreux.

Ils ont deux enfants, encore boutons de rose : Raymond et Hubert.

Sœurs de Monsieur Armand Teyssier

1° Coralie Teyssier, mariée à Monsieur Lacombe, à Beauregard, commune de Condat *(Périgord)* deux enfants.

2° Maria Teyssier mariée à Monsieur Louis Terracol du village de Broussouloux, femme d'un grand mérite ; — enfants : Armand Terracol, homme distingué, deux enfants : Louis et Albert ; Monsieur Armand Terracol habite Limoges où admirablement secondé par sa dame et sa famille, il fait de brillantes affaires, il a gardé les belles propriétés de Broussouloux son pays natal.

Madame Dupeyrix Philippe : deux enfants : Ursule et Madeleine ; Madame Albert Liard : une fille charmante, Mlle Louise ; Madame Henri Terracol : deux gentils garçons : Auguste et Armand ; Madame François Rastoueix : une jeune fille belle et aimable, Mlle Jeanne ; Mlle Amélie Terracol, très distinguée.

Monsieur Armand Teyssier a eu, outre ses sœurs, Mesdames Lacombe et Terracol, autres trois sœurs : Mesdemoiselles Amélie, Léontine et Alida Teyssier, mortes, au printemps de leur vie et vivement regrettées.

CHAPITRE XI

Les enfants de mon grand-père, Monsieur BOURZAT.

Nous avons parlé de ses filles, Mesdames Teyssier et Taguet, il nous reste à dire un mot des autres enfants savoir : Madame Billot, Madame Lecour, Madame Majour, Madame Levadour. (*Monsieur Bourzat avait six filles*).

Madame Billot

Une fille de Monsieur Bourzat, appelée Marinette épousa Monsieur Billot fils aîné de vingt-trois enfants, parmi lesquels le général Billot, c'était une femme on ne peut plus distinguée : elle est morte encore assez jeune, laissant un grand vide dans l'illustre famille Billot ; elle fut vivement regrettée, elle laissa deux enfants : Auguste Billot et Marie Billot, deux cousins mille fois distingués par leur intelligence, leur bonté et leur dévouement envers toute la famille heureuse et fière de tels parents.

Monsieur Billot chevalier de la Légion d'honneur, est mort juge de paix de Corrèze, qui conserve le souvenir de ce juge parfait, de ce concitoyen estimé de tous et pour lequel le Général Billot, son frère, avait une vive admiration et une tendre affection.

Mademoiselle Bourzat mariée à Monsieur Lecour demeurant à Saint-Agnan, près Croq (Creuse) ; le mari et la femme profondément religieux d'une piété et douceur exemplaires. — Ma tante vers la fin de sa vie, guidée par sa foi et avide de recevoir des grâces surnaturelles ayant entendu parler de la sainteté du vénérable curé d'Ars, entreprit un long pèlerinage pour voir l'homme de Dieu.

A son arrivée, une foule de fidèles attendait pour pouvoir se confesser, elle-même attendit deux jours, tant étaient nombreux les pénitents ; sa confession terminée, l'abbé Vianney lui dit ces paroles surprenantes qui étaient comme une vision prophétique : « Partez vite, Madame, après avoir fait la sainte communion, votre excellent mari est mourant. » L'homme de Dieu ne connaissait pas cette famille ni son pays. Madame Lecour obéissant à la voix de Dieu, partit aussitôt, pour la Creuse, elle trouva son mari mourant, mais avec toute sa connaissance, et il lui dit : « J'ai attendu ton arrivée pour rendre mon âme à Dieu. »

Quelque temps après, ma tante mourut également en odeur de sainteté : deux demoiselles bien élevées, très jolies et pieuses comme leurs parents, mariées aux deux frères, Messieurs Mital de Lyon.

Désirée Bourzat, ma marraine.

Celle-ci épousa Monsieur Majour, riche propriétaire et excellent homme, demeurant au Brassey, commune de Feyt, canton d'Eygurande : nombreux enfants, citons en particulier Monsieur Pierre Majour, ancien et brillant élève du collège de Felletin, riche et intelligent, propriétaire, maire de sa commune depuis plusieurs années, marié très honorablement à Mademoiselle de Saint-Félix.

Ces derniers ont trois enfants. Mademoiselle Majour, fille ainée, est d'une rare distinction, est mariée richement et honorablement à Monsieur Alsac, notaire à Saignes, (Cantal); le deuxième fils est docteur en médecine et plein d'avenir; la dernière fille est encore jeune, elle est ravissante de beauté et d'espérance et adorée de ses parents; citons encore Mademoiselle Eugénie Majour, mariée à Monsieur Thomas d'Eygurande, c'est un des plus riches propriétaires de ce canton. Ils ont deux enfants : l'ainé, Monsieur Fernand Thomas est notaire, à Eygurande, sa dame est une des plus gracieuses, ils ont un demoiselle encore jeune très jolie et très intelligente qui fait le charme de ce foyer parfait.

Le second fils est pharmacien, charmant garçon qui, certainement, fera son chemin.

Les autres enfants de la famille Majour sont également bien aimables, savoir Mademoiselle Majour Cécile veuve Trapet, très distinguée, d'une rare bienveillance et douée d'un excellent cœur, mère de jeunes filles fort gracieuses et semblables à leur mère.

Nous connaissons peu les deux plus jeunes qu'on dit également très bien.

Mademoiselle Génie Bourzat, la plus jeune de la famille, épousa Monsieur Levadour d'Eygurande, expert-géomètre, excellente famille, deux enfants : Firmin Levadour docteur en médecine, mon cousin et mon condisciple, Mademoiselle Joséphine Levadour, la femme la plus accomplie, la plus intelligente, la plus joviale, mariée à Monsieur Lapergue, pharmacien à Ussel. Le frère et la sœur avaient une taille de géant.

La mort, une mort cruelle, a ravi à l'affection de nous tous, depuis longtemps, toute cette famille bonne et distinguée.

Pour nous, nous avons été inconsolables de la perte douloureuse de nos bien-aimés cousins Firmin et Joséphine, nos premiers et excellents amis d'enfance.

Nous en garderons un souvenir inoubliable.

Observation qui peut intéresser les familles Majour-Levadour. *(La mère de Monsieur Levadour était une Demoiselle Majour).*

L'illustre Majour de Brive était un des ancêtres de la famille Majour-Levadour d'Eygurande.

Le grand-père de Monsieur Majour de Brive qui habitait les environs d'Eygurande, dans le Puy-de-Dôme, quitta son pays, à la suite d'une querelle avec son frère (*ce dernier fut blessé mortellement*). Il se fixa, à Brive, comme apothicaire, et il fut le père de Monsieur Majour, médecin de l'Empereur.

Monsieur Majour, dans son testament, léguait une partie de sa fortune à sa famille, s'il en existait encore quelque membre.

Messieurs Majour et Levadour d'Eygurande réclamèrent, comme parents, la fortune de leur aïeul ; mais, faute d'argent, ou d'entente, ils ne purent faire valoir leurs droits, il fallait faire des avances considérables, des recherches coûteuses, et puis, il est difficile de plaider et de gagner un procès contre toute une administration, et à la fin de compte, l'héritage fut perdu.

Toutefois, la ville de Brive, promit une bourse au collège de Brive, pour les prétendus héritiers de Monsieur Majour.

CHAPITRE XII

Parenté de notre famille

Le nombre de nos parents et alliés est innombrable, nos ancêtres étaient de vrais patriarches qui avaient la crainte de Dieu et qui comptaient sur la providence pour élever une nombreuse famille. J'ai déjà signalé nos parents du chef de mon grand-père paternel..

Du côté de ma grand'mère Madame Taguet, née Négrerie, une famille à Viam.

Un fils de cette famille était cousin germain de mon père, il est mort missionnaire apostolique dans les Indes et honoré des palmes du martyr.

Il existe encore de nombreux cousins de ce chef.

Parenté du côté de mon grand-père Monsieur Bourzat et de ma grand'mère madame Bourzat née Esclavard.

1° Du côté de mon grand-père, nous avons plusieurs parents assez nombreux.

Mon grand-père, Monsieur Bourzat avait plusieurs sœurs savoir : Madame Pradeloux de Barsanges trois enfants : Arsène, père de Madame Lafont ; Adolphe et Elisa.

2° Madame l'Espinasse de Viossanges, commune de Saint-Yrieix-le-Déjalat ; nombreuse famille parmi laquelle deux prêtres frères, tous deux distingués ; l'un, mort curé de Rempnat, l'autre curé-doyen de Seilhac, décédé chez son neveu, Monsieur le curé de Saint-Salvadour, année 1905.

3° Madame Bournat, demeurant à Murat, 2 enfants, madame Broussouloux, famille Troubat de St-Yrieix.

4° Madame Boulière de Couturas, commune de Saint-Hilaire-les-Courbes, grand'mère de Monsieur Chéry Boulière, Joseph Boulière et Mademoiselle Elise Boulière.

Ces derniers étaient donc les petits neveux de Monsieur Bourzat.

Ce sont des parents bien distingués, bons, hospitaliers, profondément religieux, aimant beaucoup leur famille.

Monsieur Joseph Boulière est mort, notaire à Treignac, sa fille, on ne peut plus distinguée, a épousé Monsieur Sarète, receveur d'Enregistrement, à Bourganeuf.

Monsieur Chéry Boulière et Mademoiselle Elise Boulière très unis, habitent le village de Couturas, splendide propriété, avec plusieurs domaines et une résidence princière.

Une autre branche de cette famille habite Treignac, le fils aîné est doué d'une intelligence rare : par ses talents et son travail, il est arrivé à une des plus hautes situations dans la conservation des hypothèques.

5° Une sœur était mariée dans le pays bas, j'ignore son nom, là aussi des cousins inconnus.

Mon grand-père avait aussi un frère peu connu, nous connaissons cependant une petite fille de ce dernier qui demeure à Bonnefont, et qui ressemble beaucoup à Monsieur Bourzat.

Parenté du côté de ma grand'mère née Esclavard.

Celle-ci appartenait à une illustre famille de Treignac, elle avait plusieurs sœurs, de ce chef, nous sommes parents avec les familles : de Sal (*Monsieur le Sénateur de Sal était cousin germain de ma mère*), Decoux-la-Goutte, Paillet Nineaud, Bayord (*nombreuse famille, nombreux cousins*).

Lorsque nous avons commencé nos études au collège d'Ussel, nous y avons trouvé une honorable famille : la famille Theyssier : Madame Theyssier, née Paillet était une cousine germaine de notre mère, trois enfants :

Monsieur Léon Theyssier, docteur en médecine, ancien Maire de Bort ex-conseiller Général de ce canton, chevalier de la Légion d'honneur, Mademoiselle Coralie Theyssier, Madame Louise Bonnet sa sœur de Tarnac.

Aux jours de congé, mes deux cousines venaient me chercher, au collège : quelle joie pour moi !

C'était le jour des gâteaux, des confitures, des crêmes, des friandises de toutes sortes, nous étions trois Léon à sortir dans cette généreuse maison : Léon Dabria, Léon Soulier, Léon Taguet et nos gracieuses cousines après nous avoir gâtés, ainsi que la maman, toute la journée, nous ramenaient, le soir, au collège, on se donnait un baiser bien affectueux et on se disait : « au revoir bientôt. » (*Les sorties étaient assez fréquentes*).

Et moi, Curé-Doyen de Bugeat, après de nombreuses années, je retrouve, tout près de moi, à Tarnac, mes aimables et bonnes cousines.

Il faut en remercier le Bon Dieu, et le prier de nous accorder la grâce de nous voir encore longtemps.

Famille Bayord

Mes frères Paulin, Auguste, Henri, Philippe et moi avons fait nos études, au petit Séminaire de Servières dont nous avons gardé un excellent souvenir, sauf sur quelques petits détails.

Nous nous sommes trouvés dans cet établissement, en même temps que deux cousins de la famille Bayord qui habitaient le château de la Bitarelle, commune de Saint-Mathurin-Léobazel canton de Mercœur.

Madame Bayord, née Esclavard, était une cousine germaine de ma mère, comme elle, elle était bonne et bien distinguée.

Ce fut pour nous, une grande joie de pouvoir sortir, les jours de congé, dans cette honorable famille.

Mes frères et moi avons gardé un souvenir ineffaçable de nos chers et affectueux cousins.

Nous allions donc, chaque année, passer plusieurs jours à la Bitarelle, quelle gracieuse et affectueuse hospitalité ! C'était une maison patriarcale comme la nôtre, notre excellent oncle et notre bonne tante étaient si heureux de nous recevoir, de nous combler de leurs caresses et mille petites et délicates attentions ; ils nous considéraient comme leurs propres enfants : tous les noms harmonisaient admirablement : Herminie, Jules, Victor, Louise et Auguste, Léon, Henri-Philippe ; tous frères et cousins, tous Paul et Virginie, (*ces derniers sont immortels*). Le séjour de congé se prolongeait généralement, on dépassait le jour de la rentrée. Le bon Monsieur Bayord arrangeait tout, il nous donnait une lettre, à peu près ainsi conçue : « *Monsieur le supérieur,* « *veuillez nous excuser, nous n'avons pu ramener les enfants au jour fixé...* « *un d'entre eux a été malade... il a fait mauvais temps... il a fait un orage* « *épouvantable... Nous avions une réunion de famille,* » ainsi de suite, mille raisons toujours nouvelles, à chaque rentrée.

On retournait donc, à Servières, munis de la lettre qui nous protégeait et excusait notre retard.

Monsieur le Supérieur, en homme paternel, lisait ou ne lisait pas la lettre, il nous adressait à Monsieur l'Econome, qui nous recevait parfaitement et au fond enchanté (*petite économie pour l'Etablissement*).

Le professeur de classe nous disait : « Mes amis vous êtes en retard, hier, on a composé et vous êtes le dernier. » C'était la règle pour les absents.

Cela ne nous faisait pas grande impression... du reste, le dernier était aussi fort que le premier et le premier que le professeur, tant était nulles et faibles les premières classes ; les hautes classes étaient bonnes.

On passait la première année a faire des barres et des zéros. La seconde année, à décliner Rosa, la Rose, Cornu, la Corne ; la troisième année, à aimer Dieu et à danser, *amo, Deum, musica me juvat ;* la quatrième année, on faisait connaissance avec quelques hommes illustres et avec les bêtes d'Esope ou de Phèdre ; la cinquième année, le matin, on mangeait, avec Burnouf, des racines grecques ; le soir, on faisait la sieste, avec Virgile, sous l'ombrage d'un hêtre touffu : « *Tityre, tu patulæ recubans sub tegmine fagi.* »

Nous n'oublierons jamais les beaux jours passés au château de la Bitarelle ; pour mon compte j'ai été heureux de revoir, il y a deux ans, notre aimable cousin Jules Bayord, maire, chevalier du mérite agricole, sa cousine distinguée Louise Bayord.

Après avoir visité la Bitarelle, mon cousin Jules m'a accompagné au château de la Grénerie (Lot) pour rendre visite à ma cousine Herminie, dame de la Grénerie. Notre émotion a été grande de nous revoir, après un demi siècle, j'ai passé quelques heures délicieuses, près de mon excellente cousine et de son fils, Monsieur de la Grénerie, jeune homme de la plus haute distinction, bonté et politesse exquises.

CHAPITRE XIII

Tombeaux de la famille Taguet-Bourzat

La famille Taguet a plusieurs tombeaux lieux de sépulture : voici les principaux.

1° Nos ancêtres, avant leur émigration de Saint-Merd-les-Oussines, d'où nous tirons selon un vieux manuscrit, notre nom : Taguet des Oussines. Ce départ eut lieu du vivant de notre arrière grand-père, appelé Seigneur des Oussines, maire de cette commune et enterré, en 1786, à Barsanges.

Avant cette date, la famille s'enterrait dans le tombeau, situé dans une chapelle de l'Eglise, à droite du chœur, je tiens ce fait, de mes ancêtres et de mes oncles.

2me tombeau, celui-ci est dans le cimetière de Barsanges.

3me tombeau : un troisième tombeau existe dans le cimetière de la paroisse d'Ambrugeat, là sont ensevelis : notre grand'mère Taguet, mes oncles prêtres curés de Saint-Fréjoux et d'Ambrugeat, ma tante Borderie, les enfants de cette dernière (*Maison Borderie de Laubard, commune d'Ambrugeat, famille très nombreuse*).

4me tombeau : un quatrième tombeau de famillle existe à Saint-Yrieix-le-Déjalat qui renferme les restes savoir : de Jean-Baptiste Taguet notre père, de sa femme Rose-Thérèse Bourzat notre mère, Henri Taguet prêtre, Alice Taguet, religieuse Ursuline, René Taguet, Ernest Taguet, Benjamin Taguet, Louis Beynes mon beau-frère, sa dame Clara Taguet, ma sœur: famille Billot.

5me tombeau, situé au cimetière de Pérols : mon grand-père Bourzat, ma grand'mère Bourzat, née Esclavard et un grand nombre de parents : famille Teyssier.

6me tombeau, situé dans le cimetière de Bugeat, qui renferme les restes de : notre oncle Joseph Taguet, ancien greffier de la justice de paix, de François Taguet ancien Curé-Doyen de Bugeat, de Claire Zolopinska, femme de mon frère Auguste, leur fille Marcelle Eyssartier.

7me tombeau, situé dans le cimetière des églises de Treignac, qui renferme les restes des aïeux des familles Bourzat-Esclavard.

Requiem æternam dona eis domine et lux perpetua luceat eis.
Beati qui in domino moriuntur.

CHAPITRE XIV

Le but de notre livre d'or

Nous avons écrit ce « Livre d'or, » non, par vanité ou orgueil, mais, dans le but de rappeler tout un glorieux passé d'honneur, de vertu et de travail, faire revivre les vieux temps, avec la belle physionomie des aïeux, faire la revue intéressante de tous les parents et amis de la génération actuelle. Notre intention a été de plaire à tous, de louer des mérites cachés ou connus, d'encourager au bien, à l'honneur, à l'amour de la famille, à l'union et à la concorde.

Qu'on n'oublie jamais que Dieu bénit les nombreuses familles, que la religion est le sel de la terre, que la sainte Eglise est la citadelle de l'honneur, de la prospérité et du salut.

Qu'on grave, en lettres d'or. au foyer de chaque famille :

« Dieu, Eglise, Patrie, Famille. »

Nous terminons ce manuscrit, en adressant à nos parents et à nos amis, nos meilleurs souhaits de bonheur, de longue et sainte vie : gardons, avec soin, le souvenir de nos ancêtres qui nous ont tendrement aimés, qui nous ont laissé de beaux exemples et prions le Ciel de leur payer, au centuple, le tribut de notre vive reconnaissance.

Et vous, parents et amis, qui lisez ces lignes aujourd'hui, ou demain, souvenez-vous dans vos prières, de celui qui a voulu honorer sa famille, par ce petit opuscule, écrit simplement, mais cordialement et avec toute la charité évangélique, et à tous je donne rendez-vous au Ciel.

LÉON TAGUET.

Bugeat, le 1er mars 1906.

TABLE DES MATIÈRES

Abbé Lescure Imprimerie St-Hilaire-Neuvic (Corrèze).

www.ingramcontent.com/pod-product-compliance
Ingram Content Group UK Ltd.
Pitfield, Milton Keynes, MK11 3LW, UK
UKHW021115230726
13926UKWH00002B/506

9 782014 096330